Escrito por Corinne Courtalon
Ilustrado por Christian Broutin

A orillas del Nilo
en tiempos de los
faraones

Altea

¿Has oído hablar de Egipto?

Hace más de tres mil años vivía en ese país
un pueblo pacífico y muy sabio. Le gustaba
construir enormes y magníficos monumentos.
Con el paso de los siglos, la arena del desierto
cubrió sus casas, sus palacios y sus templos.

¿Cómo saber cuál era su manera de vivir?

Hay que ser paciente y excavar en la arena. Son los arqueólogos quienes hacen ese trabajo y encuentran estatuas, muebles, cerámicas y a veces verdaderos tesoros que pertenecieron a los antiguos egipcios.

Si vas a los museos, como el del Louvre en París, o el Museo de Arte Metropolitano de Nueva York, verás hermosos objetos egipcios que fueron hallados enterrados en la arena.

En Egipto, hace mucho calor.

Está en el desierto del Sahara, donde casi nunca llueve y donde casi ninguna planta crece. Ningún ser humano puede vivir allí. ¡Pero uno puede encontrarse con animales peligrosos!

Los animales del desierto: escarabajos, alacranes, buitres, gacelas, leones y víboras. La picadura de un alacrán puede matar a los niños pequeños.

4

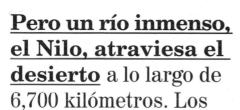

El valle del Nilo está indicado en verde. Egipto se encuentra en el noreste de África.

Pero un río inmenso, el Nilo, atraviesa el desierto a lo largo de 6,700 kilómetros. Los antiguos egipcios se instalaron en la ribera del Nilo. Allí encontraron agua y humedad para los cultivos. ¡Cada verano sucede un milagro! Cuando el calor llega a ser tan fuerte que amenaza con quemarlo todo, el Nilo crece y se desborda inundando el valle. Tres meses después, regresa a su cauce.

Durante el verano, el valle se inunda, es la crecida. Ésta deja en el suelo un lodo negro muy fértil: el limo,

Durante el invierno, el río no sale de su lecho. En el suelo del valle impregnado de agua pueden crecer las plantas.

Navegaban muchas embarcaciones en el Nilo; largos barcos de vela y remo que transportaban mercancías, o barcazas más pequeñas que cruzaban el río. Los pescadores fabricaban barcas muy ligeras atando los tallos de los papiros que crecen a la orilla del Nilo.

Los cazadores mataban gansos y patos silvestres lanzándoles un palo, el bumerán.

En el Nilo abundan los peces: anguilas, carpas, peces gato y tencas. Con la hueva del pez que llaman mújol, los egipcios hacen una especie de caviar. Hay que ser prudente y cuidarse del cocodrilo y del hipopótamo que pueden volcar las embarcaciones. ¡En la orilla, cuidado con la cobra! ¡La mordedura de esta serpiente es mortal!

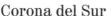

Corona del Sur Corona del Norte Corona de Egipto

El faraón era un hombre muy poderoso.
Los antiguos egipcios creían que el faraón
(así llamaban a sus reyes) era hijo del Sol y
tenía poderes sobrenaturales.

¿Cómo era el faraón? Unas estatuas grandes
de piedra (a la izquierda) situadas cerca de
los templos lo representan con un tocado, el
nemes, que envuelve su peluca. Tiene una
barba postiza y lleva en la frente la pequeña
figura de una cobra,
llamada Uraeus, que lo
protegía.

El faraón lleva la corona
azul, el kepres.

La reina también lleva un
tocado especial.

El príncipe tiene una flor
de loto en la
mano.

Había muchos servidores en el palacio.

El faraón recibía a menudo obsequios de los pueblos amigos.

Mandaba a construir templos y palacios.

Le gustaba ir a cazar leones.

10

Los egipcios vivían felices
en su tierra. No deseaban
viajar ni conquistar otras
regiones porque su país
era rico. Pero tenían que
defenderse de algunos
pueblos provenientes
del desierto o del mar

Prisioneros

Mediterráneo, que querían apoderarse
de su territorio.
Para enfrentar a los invasores, el faraón
contaba con un ejército fuerte y bien
organizado. Pero un día fue vencido por
los persas. Los prisioneros de guerra eran
trasladados al desierto para trabajar en las
minas de oro o en las canteras. Tallaban
piedras que sirvieron para construir
templos y palacios.

Los egipcios escribían con jeroglíficos.

Los escribas ayudaban al faraón.

Los enviaban por todo Egipto para vigilar las cosechas y la construcción de los templos. A veces, realizaban expediciones a través del desierto en busca de materias preciosas.

¿Cómo llegaban a ser escribas?

Aprendiendo a leer, a escribir y a contar. ¡Se necesitaba valor porque los maestros de escuela eran muy severos y a los malos alumnos los golpeaban!

Los egipcios escribían en rollos de papel muy delgado: los **papiros.**

El papiro es una planta que crece a orillas del Nilo. Se rebana su tallo, luego se extienden las tiras y se prensan.

Después de las inundaciones, se sembraban los campos y se acarreaba el ganado para que hundiera las semillas al pisotear la tierra.

Los campesinos obtenían buenas cosechas. **Para que crecieran las plantas había que regar la tierra con el agua del Nilo,** porque en Egipto casi nunca llueve. Los campesinos usaban un cigoñal. Este recipiente levantado por un balancín permite sacar el agua del río y verterla en los canales de riego. Un escriba vigilaba la cosecha.

Pico

Herramienta de carpintero

Cuchillo

Punzón

Los egipcios se maquillaban mucho. El *kohl* negro con el que se delineaban los párpados protegía sus ojos del resplandor del sol.

Los egipcios tenían terrazas en sus azoteas. Allí les gustaba reunirse para disfrutar del atardecer.

¿Cómo vestían los egipcios?

Los hombres llevaban un taparrabo y las mujeres se envolvían en una larga túnica de lino. Los niños solían andar desnudos. Para protegerse del sol, los egipcios usaban pesadas pelucas. Las de las mujeres eran más largas que las de los hombres.

Las casas eran de adobe y estaban pintadas de colores vivos. Los techos eran planos

y en ellos se colocaban silos para conservar los granos. En el jardín, crecían papiros y sicomoros alrededor de un estanque.

Los egipcios adoraban a los gatos y los adiestraban para la cacería. A menudo, los gatos eran momificados después de su muerte.

Espejo

Estuche de maquillaje

Brazalete

Sandalias

¿Conoces estos utensilios de cocina? No son tan diferentes a los nuestros.

Los egipcios comían alrededor de mesas bajas, sentados en el piso o en taburetes. Bebían cerveza en copas y no usaban platos. Todos comían del mismo recipiente, con la mano. ¿Qué comían? Principalmente pescado, cebollas y pan, pero también aves, lechuga, lentejas, pepinos...

Los egipcios fabricaban objetos de madera: sillas, mesas, camas cuyas patas tenían forma de garras de animales, así como extrañas almohadas, las *cabeceras*, que servían para recargar la nuca. Con el oro y las piedras preciosas encontradas en los desiertos elaboraban magníficas joyas.

Espumaderas

Colador

Escoba

Silla

Cabecera

Cama

<u>A los egipcios les gustaba pasar tiempo en familia.</u> Apreciaban particularmente los juegos de mesa: juego de dados, juegos de huesitos parecidos a la matatena, juego de damas y también el curioso juego de la serpiente "mehen" que se parece a nuestro juego de la oca.

<u>Organizaban banquetes</u> a los que acudían sus amigos. Invitaban a una pequeña orquesta y a unas bailarinas para distraer a los convidados. Los músicos tocaban el arpa, el laúd y la flauta. Para llevar el ritmo de las melodías, las cantantes sacudían unos sonajeros que se llaman *sistros*.

Juguetes de niños: león articulado,
caballo de rueditas, muñeca.

Las niñas y los niños preferían
los juegos deportivos: juegos de
destreza como el tiro al blanco, el
equilibrismo, la lucha y también
un juego que se parece mucho al
juego del burro.
Los niños pequeños tenían
bonitos juguetes dc madera y de
tela: trompos, pelotas, muñecas
y animales articulados o de
rueditas.

Ra   Isis   Jonsu   Osiris   Anubis   Hathor

¿Quiénes eran estos hombres con cabezas de animales y extraños sombreros? Los egipcios creían que eran dioses que los cuidaban. Vivían en unas casas gigantescas, los templos. Nadie podía entrar en ellos, excepto los sacerdotes. Cada dios tenía su estatua en la sala más secreta del templo. De vez en cuando, los sacerdotes sacaban la estatua y desfilaban con ella en largas procesiones. Esto era motivo de grandes festejos entre los egipcios.

Las dos grandes torres de piedra erguidas en la entrada del templo se llaman obeliscos.

¿Conoces las pirámides de Egipto?

Se alzan en el desierto, a salvo de las inundaciones del Nilo. ¡Son tumbas gigantescas! Dentro de cada pirámide, varios pasillos secretos conducen a la cámara donde se encuentran el sarcófago y la momia de un faraón.

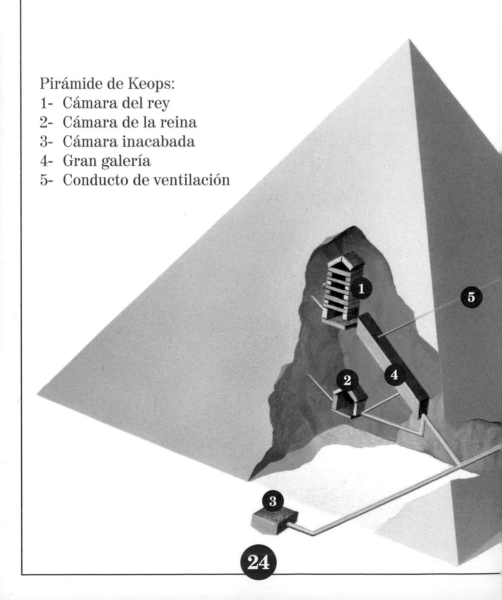

Pirámide de Keops:
1- Cámara del rey
2- Cámara de la reina
3- Cámara inacabada
4- Gran galería
5- Conducto de ventilación

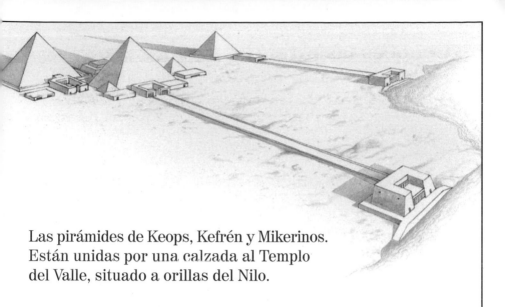

Las pirámides de Keops, Kefrén y Mikerinos.
Están unidas por una calzada al Templo
del Valle, situado a orillas del Nilo.

Alrededor se encuentran otras cámaras
que estaban llenas de muebles, vasos y
objetos preciosos: los tesoros del faraón.
¡Era imposible entrar en una pirámide! La
entrada estaba escondida y los pasillos
que conducen a la cámara del rey fueron
sellados para impedir que entraran
los ladrones.

La pirámide más
alta de Egipto mide
ciento cuarenta y seis
metros: es la del faraón Keops.

La construcción de una pirámide duraba cerca de treinta años.

Había que ir a buscar bloques de piedra en unas canteras que a veces se encontraban muy lejos, y luego cargarlos en unos barcos que navegaban por el Nilo. En tierra, los egipcios transportaban las piedras usando trineos de arrastre.

¿Cómo levantar piedras de veinte toneladas sin la ayuda de una grúa?
¡Incluso reuniendo la fuerza de varias personas resulta imposible! Los egipcios construyeron inmensas rampas de adobe alrededor de las pirámides. Así podían arrastrar las piedras hasta la cumbre. Para llevar a cabo las obras, el faraón disponía de los campesinos.

Cuando alguien moría, se embalsamaba su cuerpo para que se conservara por mucho tiempo.

Lo perfumaban y lo envolvían con vendas.

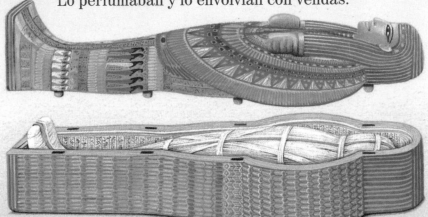

Se resguardaba en un hermoso sarcófago de madera.

Otras tumbas se cavaron en las montañas del desierto.

Son verdaderas
casas, con
varios cuartos.
Para que el
muerto fuera feliz en ellas,
se decoraban los muros con pinturas
que representaban el Nilo, los animales y los
hombres que vivían junto al río. Se llenaba
la tumba de bonitos muebles y se colocaba a
unos *chauabtis* alrededor de la momia. ¿Qué
es un chauabti? Una estatuilla que representa
a un servidor del muerto. Los más precavidos
se rodeaban de trescientos sesenta y cinco
chauabtis: ¡uno para cada día del año!

◄ Los egipcios creían que el muerto continuaba
viviendo en otro mundo en el que estaba protegido
por el dios Anubis.

Para llegar al desierto donde se
enterraba a los muertos, había
que atravesar el Nilo.

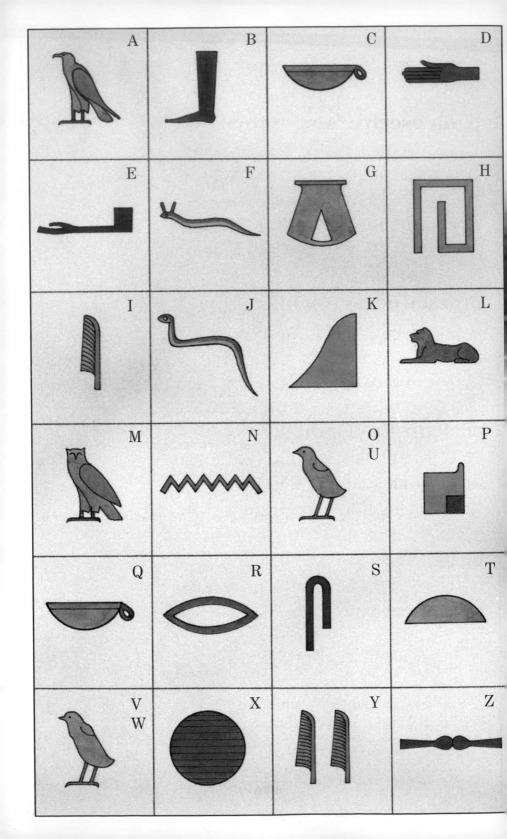

¡Una escritura peculiar!

Para escribir, los egipcios trazaban pequeños dibujos que representan objetos, animales o plantas. Son **jeroglíficos.** Algunos están grabados en los muros de los templos o en el pedestal de las estatuas; otros fueron dibujados con tinta sobre papiros.

¿Qué significan?

Durante mucho tiempo fue un misterio. En el siglo XIX, Jean-François Champollion logró descifrarlos. Mira en la página de la izquierda: cada uno de estos dibujos se pronuncia como una letra de nuestro alfabeto. ¡Pero existen más de setecientos jeroglíficos y no todos representan una letra!

Estas figuritas se dibujaban al final de un nombre e indicaban si se trataba de una mujer o de un hombre.

In limine
(fragmento)

Por el perdón del mar
nacen todas las playas
sin razón y sin orden,
una cada cien mares.

Yo nací en una playa
de África, mis padres
me llevaron al norte,
a una ciudad febril,
hoy vivo en las montañas,
me acostumbré a la altura
y no escribo en mi lengua,
en ciertos días del año
me dan vértigos y mareos,
me vuelve la llanura,

parto hacia el mar que puedo,
llevo libros que no
leo, que nunca abrí,
los pájaros escriben
historias más sutiles.

Fabio Morábito
(Alejandría, 1955)